AF227752

LES PLUS REMARQUABLES
DU REGNE ANIMAL

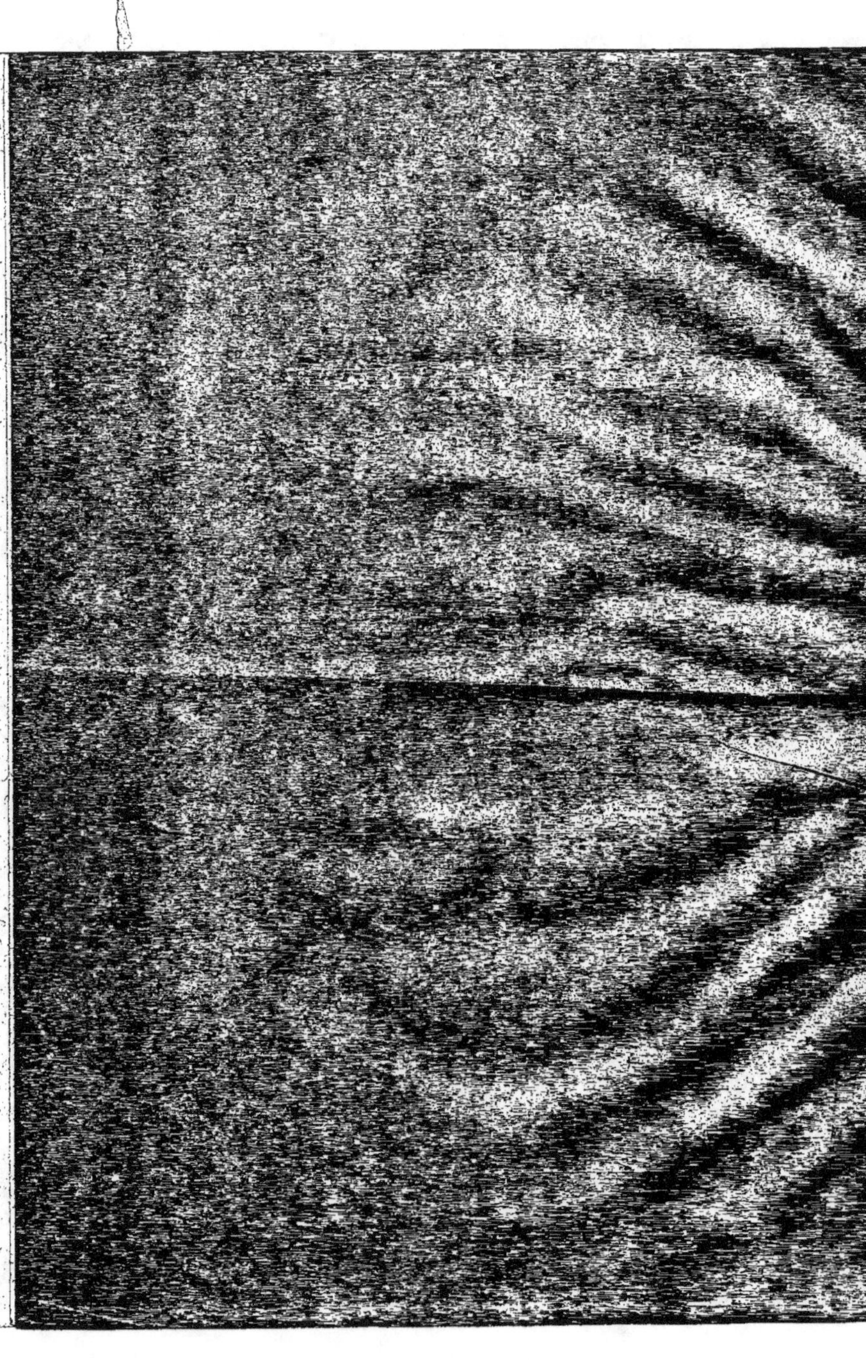

OPINIONS DE DIVERS AUTEURS

SUR LES OUVRAGES DE LYON ET DE ...

[illegible]

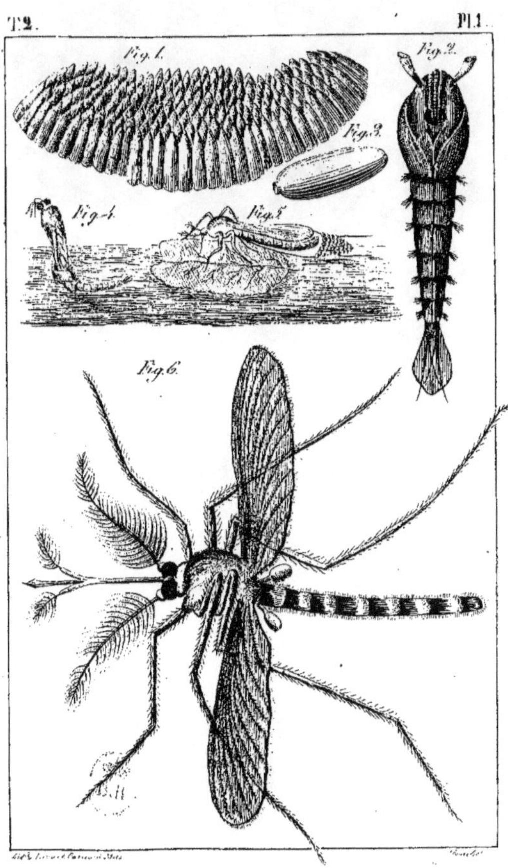
Fig. 1.
Fig. 2.
Fig. 3.
Fig. 4.
Fig. 5.
Fig. 6.

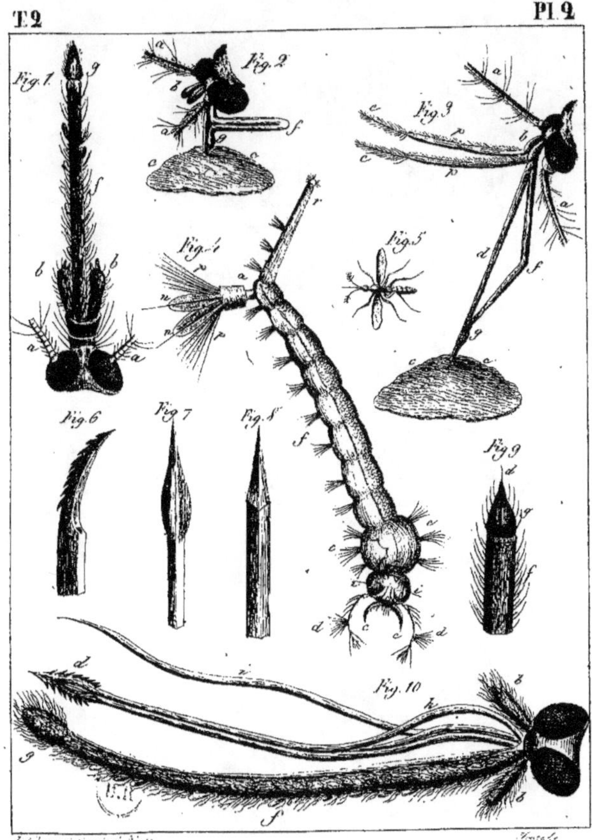

Fig. 1
Fig. 2
Fig. 3
Fig. 4
Fig. 5
Fig. 6
Fig. 7
Fig. 8
Fig. 9
Fig. 10

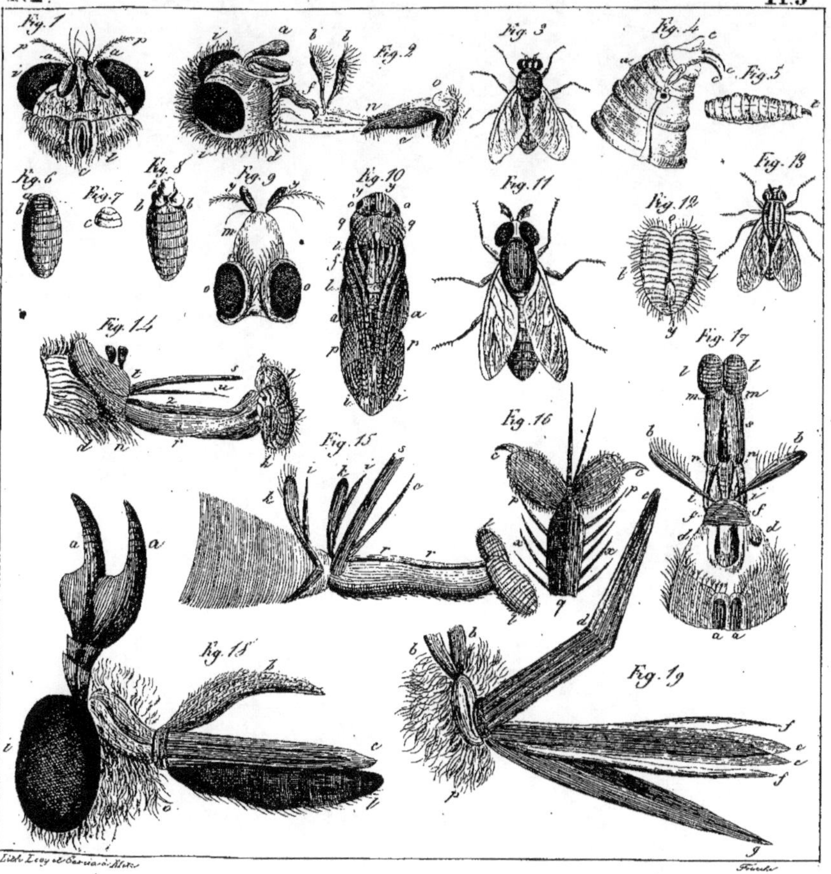
Fig. 1
Fig. 2
Fig. 3
Fig. 4
Fig. 5
Fig. 6
Fig. 7
Fig. 8
Fig. 9
Fig. 10
Fig. 11
Fig. 12
Fig. 13
Fig. 14
Fig. 15
Fig. 16
Fig. 17
Fig. 18
Fig. 19

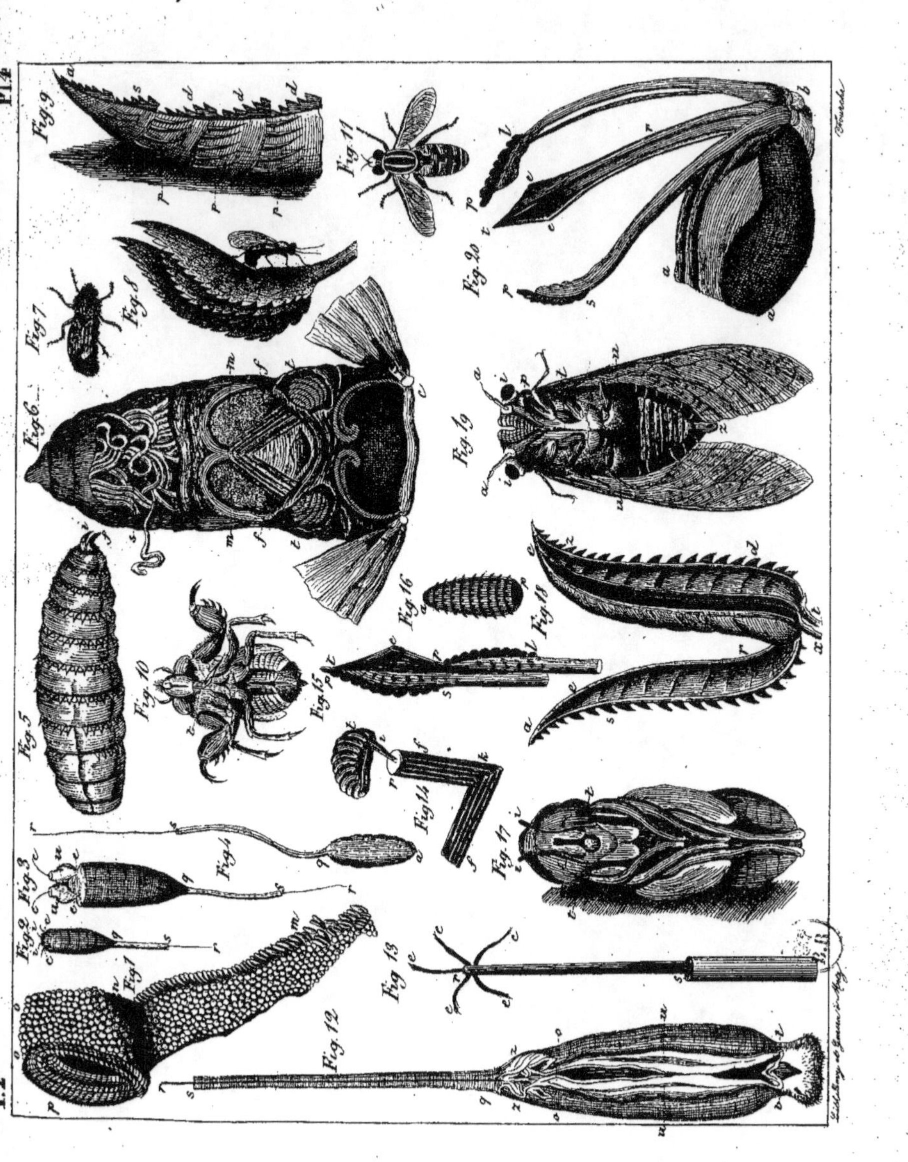

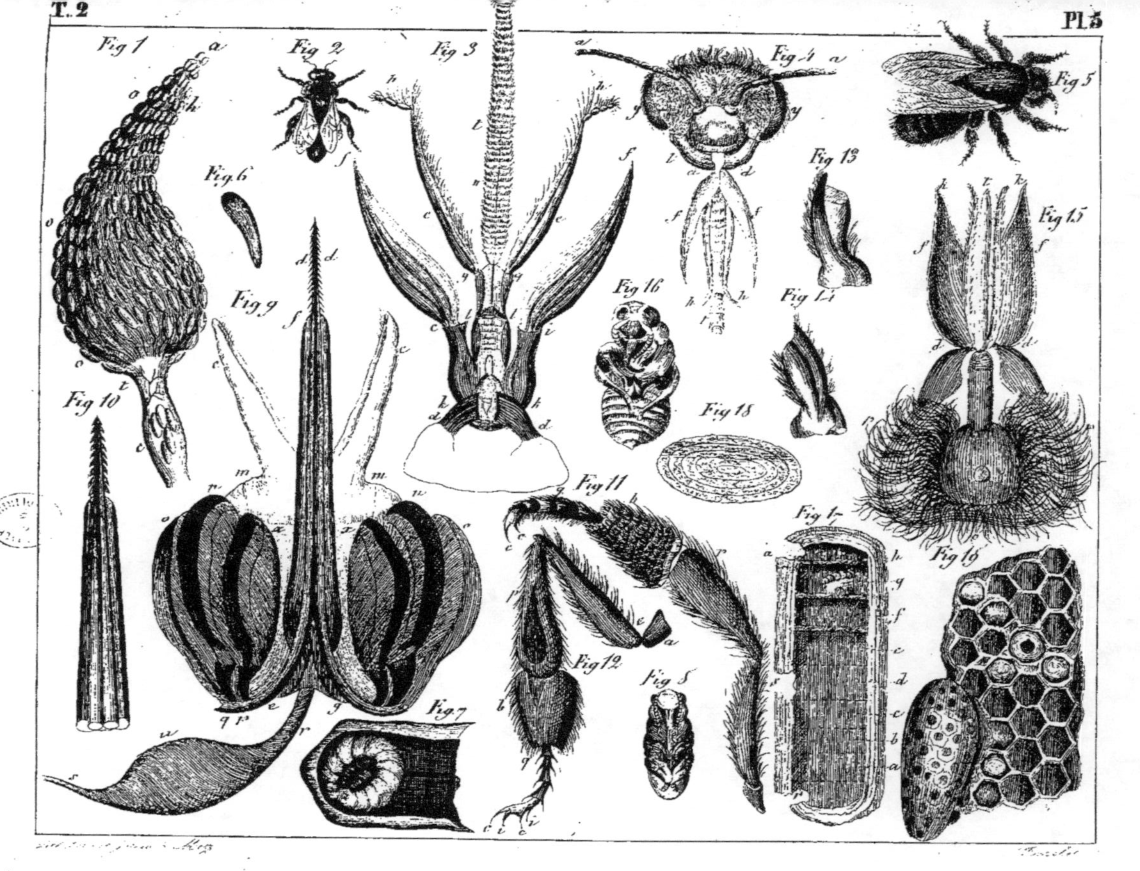

T. 2
Pl. 5
Fig 1
Fig 2
Fig 3
Fig 4
Fig 5
Fig 6
Fig 7
Fig 8
Fig 9
Fig 10
Fig 11
Fig 12
Fig 13
Fig 14
Fig 15
Fig 16
Fig 17
Fig 18

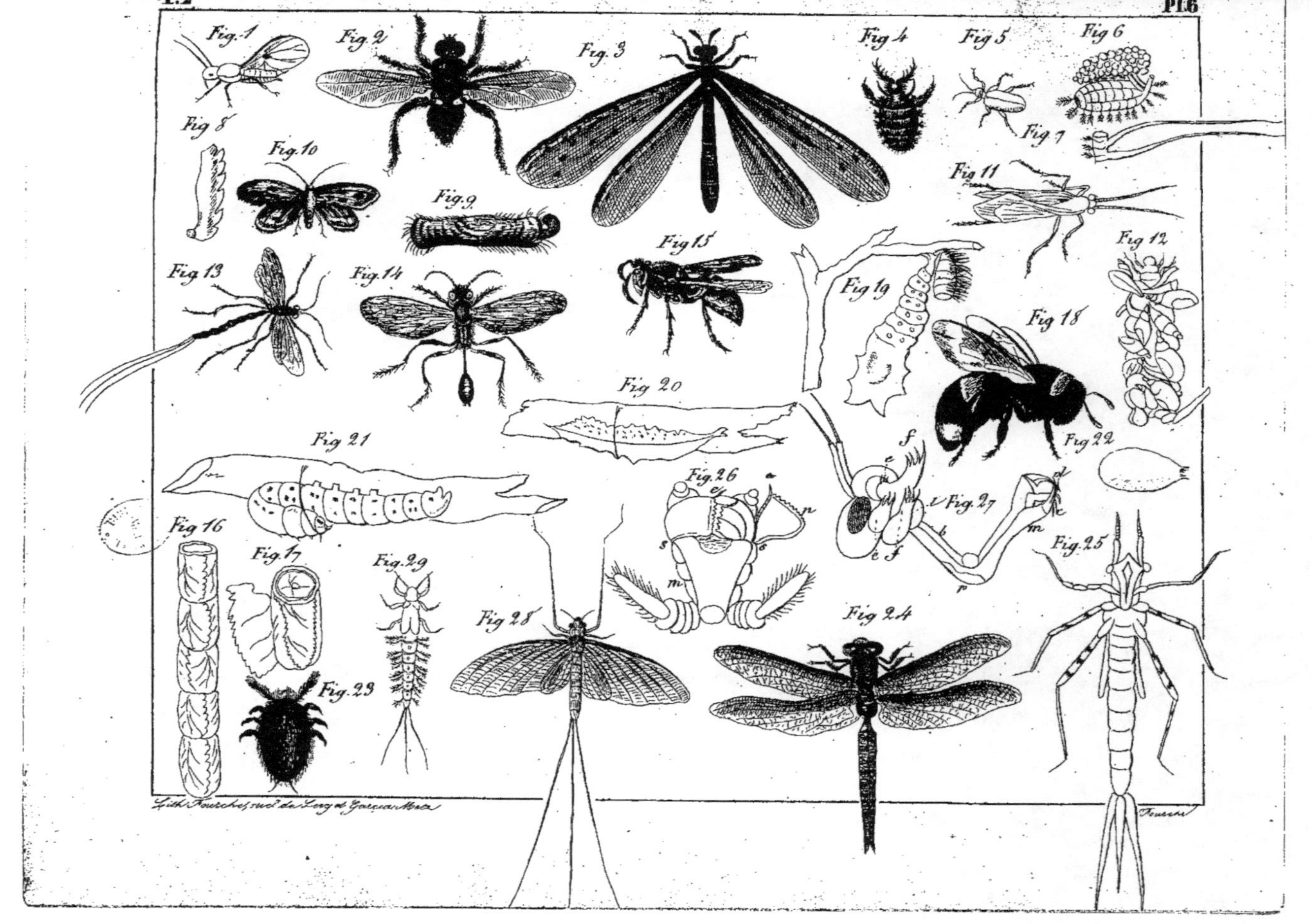

Fig. 1
Fig. 2
Fig. 3
Fig. 4
Fig. 5
Fig. 6
Fig. 7
Fig. 8
Fig. 9
Fig. 10
Fig. 11
Fig. 12
Fig. 13
Fig. 14
Fig. 15
Fig. 16
Fig. 17
Fig. 18
Fig. 19
Fig. 20
Fig. 21
Fig. 22
Fig. 23
Fig. 24
Fig. 25
Fig. 26
Fig. 27
Fig. 28
Fig. 29